CHRONIQUE

DE

LA PUCELLE

CAMPAGNE DE PARIS

CARTES ET PLANS

PAR RIGAUD

IMP. PÉRIGORD ET COUDRÉ — BERGERAC

1886

CHRONIQUE

DE

LA PUCELLE

CAMPAGNE DE PARIS

CARTES ET PLANS

PAR RIGAUD

IMP. PÉRIGORD ET COUDRÉ — BERGERAC

1886

LA PUCELLE

DEVANT PARIS

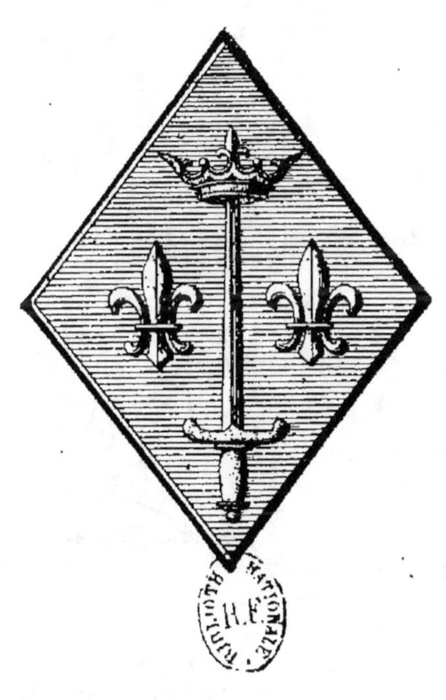

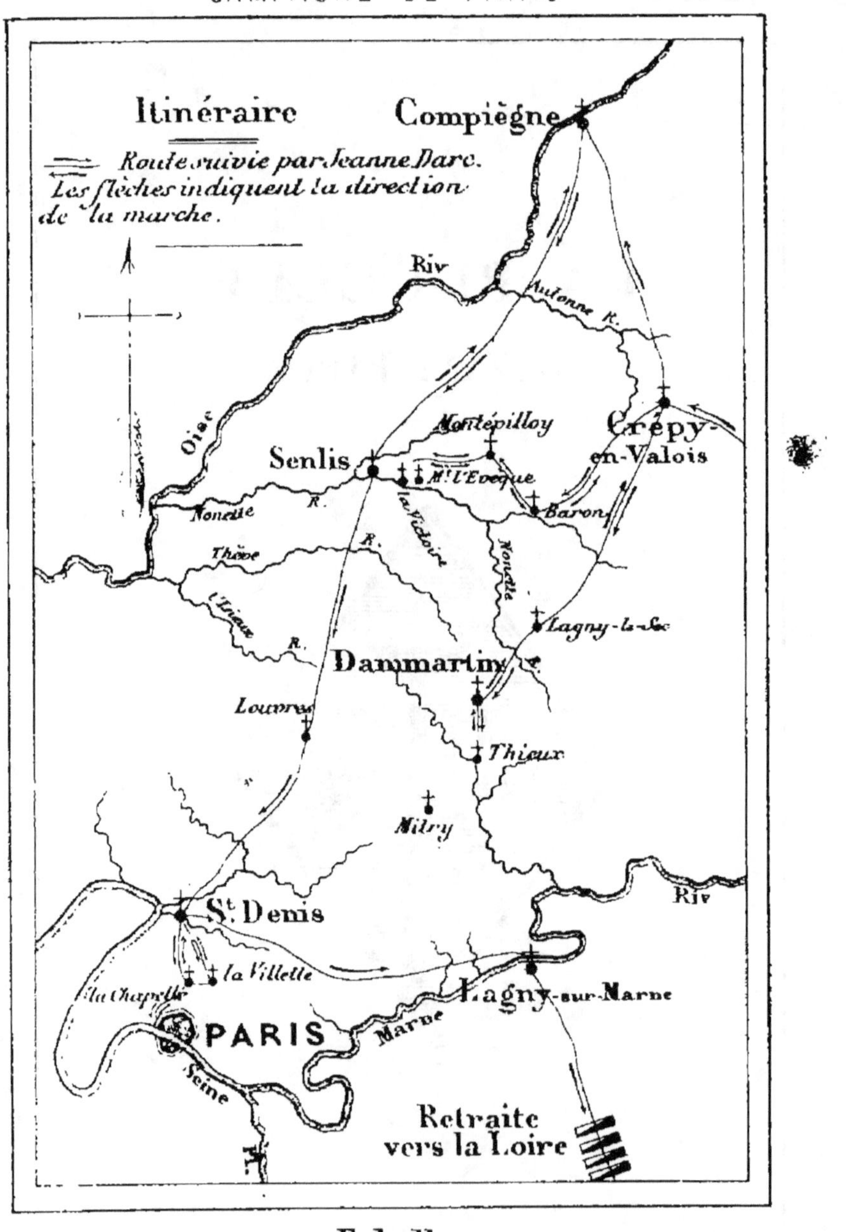

Itinéraire
Route suivie par Jeanne Darc.
Les flèches indiquent la direction
de la marche.
Compiègne
Riv
Autonne R.
Oise
Montépilloy
Crépy-en-Valois
Senlis
M.l l'Evêque
la Victoire
Nonette
Baron
Thève
Nonette
l'Yvieux
R.
Lagny-le-Sec
Dammartin
Louvres
Thieux
Mitry
Riv
St Denis
la Villette
la Chapelle
Lagny-sur-Marne
PARIS
Marne
Seine
Retraite
vers la Loire
Echelle
10 8 6 4 2 0   10   20 Kilom.

ITINÉRAIRE

(1) *Les divers chemins parcourus par Jeanne Darc, entre
La Chapelle et la porte St-Honoré, correspondent aux rues
actuelles suivantes : rue de La Chapelle, rue Doudeauville.
rue Poulet, Boulevard Ornano, rue du Faubourg Poisson-
nière, rue Maubeuge, rue St-Lazare, rue de la Pépinière.
rue de l'Arcade, rue Neuve des Mathurins rue Caumartin.
rue Neuve des Capucines, rue Neuve des Petits-Champs,
rue Ste-Anne, rue Villedo, rue Richelieu au point où l'attaque
de la place eût lieu; retour à La Chapelle par le même
chemin. (Voir les cartes n°s 4, 5, 6, 7 et 8).*

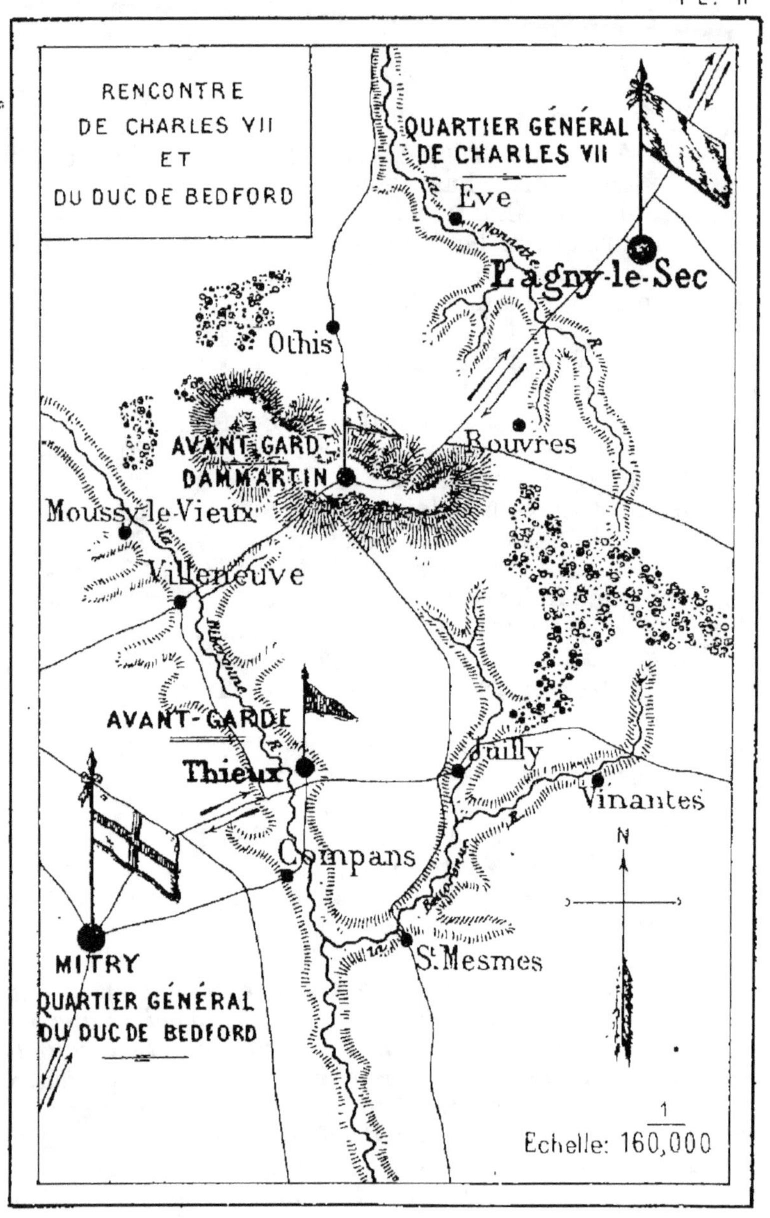

RENCONTRE
DE CHARLES VII
ET
DU DUC DE BEDFORD
QUARTIER GÉNÉRAL
DE CHARLES VII
Eve
Lagny-le-Sec
Othis
Rouvres
AVANT-GARD
DAMMARTIN
Moussy-le-Vieux
Villeneuve
AVANT-GARDE
Thieux
Juilly
Vinantes
Compans
St Mesmes
MITRY
QUARTIER GÉNÉRAL
DU DUC DE BEDFORD
N
1
Echelle: 160,000

CHAPITRE 60. *Le duc de Bedford rejoint le roy vers Mitry.* *— Beauvais se rend français. — Soumission de Compiègne. — Rencontre des deux armées près Senlis.*

Le duc de Betfort estoit à Paris avec grande quantité d'Anglois et autres gens ennemis et adversaires du roy. Si vint à sa connoissance que le roy estoit sur les champs vers Dampmartin (2), et partit de Paris à bien grande et grosse compaignée et s'achemina vers Mitry en France, soubs ledit lieu de Dampmartin, et prit une place bien advantageuse où il ordonna ses batailles.

Le roy fist pareillement mettre ses gens en belle ordonnance prests d'attendre la bataille si l'autre le venoit assaillir, voire d'aller à luy si ils se trouvoient en pareil champ. Et pour sçavoir de leur estat et commune, il fut conclu qu'on y envoyeroit des gens par manière de coureurs ; spécialement y fut envoyé Estienne de Vignoles, dit la Hire, vaillant homme d'armes, comme les autres, et y eut de grandes escarmouches qui durèrent presque tout le jour, et n'y eut comme point de perte ou dommage de costé et d'autre. Si fut rapporté au roy par gens eulx congnoissans bien en faict de guerre, comme ledict duc de Betfort estoit en place advantageuse et que les Anglois s'estoient fortifiez, et pour ce le roy ne fut pas conseillé d'aller plus avant assaillir

(1) « *La chronique dite* DE LA PUCELLE *a joui jusqu'à ce jour, grâce précisément à cette dénomination, d'une autorité considérable. Sans trop se rendre compte des motifs, on l'a toujours regardée comme étant en quelque sorte, sur ce sujet, la chronique par excellence.* »

« *La libératrice de 1429 a illustré nos annales de l'épisode le plus glorieux et le plus attachant qui orne les fastes d'aucun peuple* ».

(Vallet de Viriville. — Notice historique et critique sur la chronique de la Pucelle ou chronique de Cousinot, pages 63 et 64, édition de 1869.)

(2) *Voir la carte n° 2.*

ses ennemis, et le lendemain ledict duc de Betfort, avec tout son ost, (1) s'en retourna à Paris, et le roy tira vers Crespy en Valois.

Le roy envoya certains héraults à ceux de Compiègne les sommer qu'ils se missent en son obéyssance, lesquels respondirent qu'ils estoient prests et appareillez de le recevoir et luy obéir comme à leur souverain seigneur. Pareillement aussi allèrent des hauts seigneurs en la ville et cité de Beauvais, dont estoit évesque et seigneur un nommé Maistre Pierre Cauchon (2) extrème. Anglois, combien qu'il fut de la nation emprès Rheims, et aussitost qu'ils virent des héraults qui avoient les armes de France, Ils crièrent : *Vive Charles, roy de France,* et se mirent en son obéyssance ; et, ceux qui ne voulurent aller en ladicte obéyssance, les laissèrent aller avec leurs biens.

Le roy délibéra de venir en la ville de Compiègne, laquelle luy avoit fait obyessance. Si tira vers Senlis et se logea en un village à deux lieues de Senlis, nommé Barron, laquelle ville de Senlis estoit en l'obéyssance des Anglois et Bourguignons. Et au matin vinrent nouvelles au roy que le duc de Betfort partoit de Paris à tout son ost pour venir à Senlis, et que luy estoient venus de nouveau quatre mille Anglois que le cardinal d'Angleterre, son oncle, avoit admenez et ledict cardinal les devoit mener contre les Bohesmes hérétiques en la foy ; mais il les fist descendre pour guerroyer les vrais catholiques françois, et estoient souldoyez, comme on disoit, de l'argent du Pape, et en intention que il allast contre lesdits Bohesmes.

Lesquelles choses vinrent à la connoissance du roy, et il fut ordonné que Messire Ambroise de Loré et le seigneur de Sainte-Traille (3), monteroient à cheval et iroient vers Paris et ailleurs, où bon leur sembleroit, et ainsi qu'ils adviseroient, pour sçavoir véritablement le fait du duc de Betfort et de son ost ; lesquels montèrent diligemment à cheval, et prirent seulement vingt de leurs gens des mieux montez. Puis partirent et chevauchèrent tant qu'ils approchèrent l'ost des Anglois ; si virent et aperceurent sur le grand chemin

(1) *Armée, camp.*
(2) *Juge chargé d'instruire le procès de Jeanne Darc.*
(3) *Xaintrailles.*

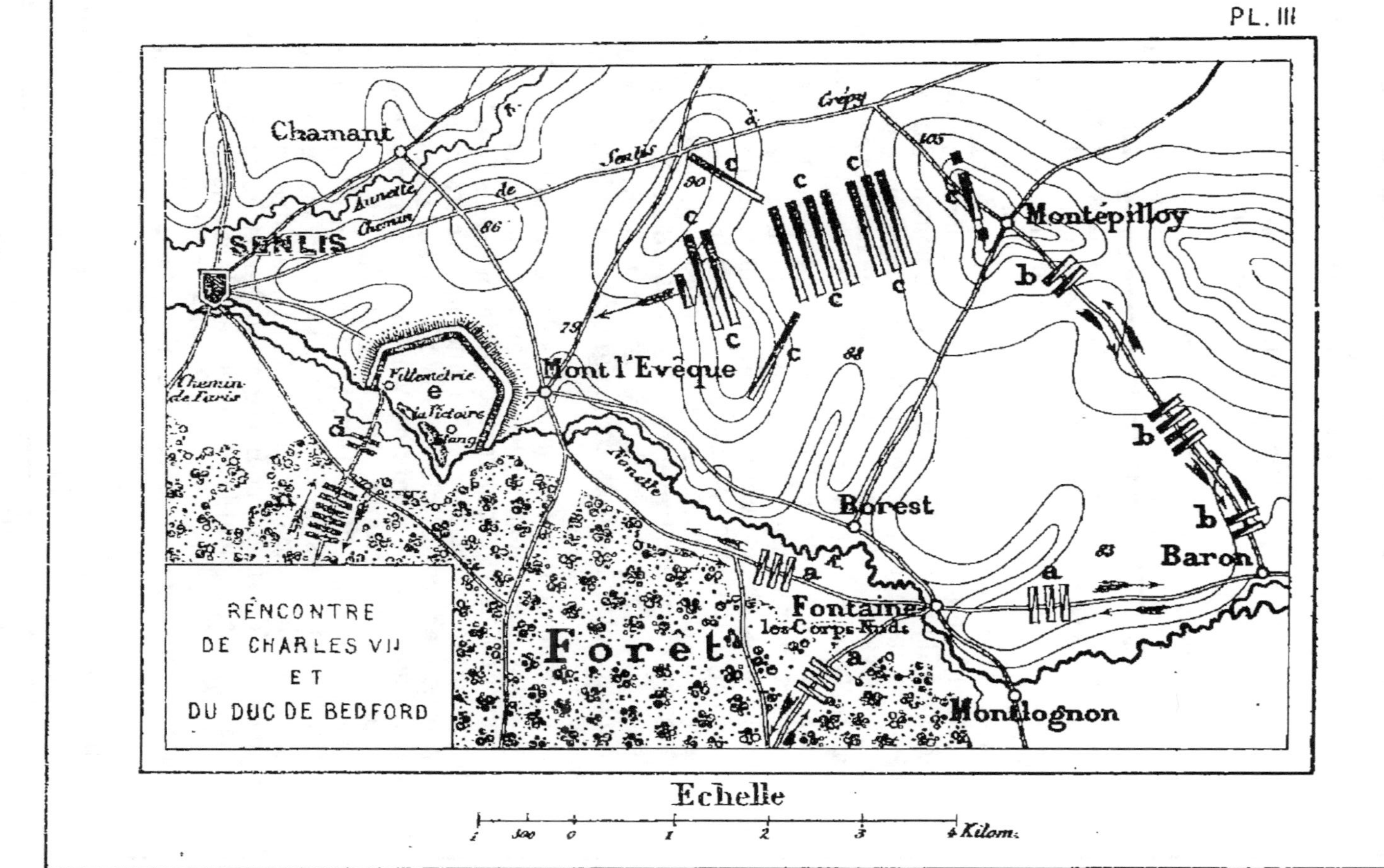

Chamant
SENLIS
Crépy
Senlis
Montépilloy
b
Villemétrie
e
la Victoire
étang
Mont l'Evêque
c
c
c
c
c
c
c
c
c
Chemin de Paris
Nonette
Borest
b
b
Baron
Fontaine
les-Corps-Nuds
a
a
a
Forêt
Montlognon
RÉNCONTRE
DE CHARLES VII
ET
DU DUC DE BEDFORD
Echelle
500   0   1   2   3   4 Kilom.

de Senlis grandes pouldres qui venoient et procédoient de la compaignée du duc, et diligemment envoyèrent un chevaucheur devers le roy pour lui faire sçavoir : si approchèrent encore plus près tant qu'ils veirent ledict ost des Anglois qui tiroit vers Senlis, et derechef, envoyèrent un autre chevaucheur vers le roy luy signifier ce que dit est.

Alors le roy, avec son ost, se tirèrent très diligemment emmy les champs ; si furent ordonnées les batailles et commencèrent à chevaucher entre la rivière qui passe à Barròn et Montespillouer, en tirant droit à Senlis. Et le duc de Betfort et son ost arriva environ l'heure de vespres près de Senlis. Et se mit à passer une petite rivière qui vient de ladicte ville de Senlis, au susdit village nommé Barron ; et estoit le passage si estroit qu'ils ne pouvoient passer que deux chevaux à la fois. Et aussi tost que lesdicts de Loré et Sainte-Traille virent que lesdicts Anglois commencèrent à passer, ils s'en retournèrent hâtivement devers le roy et luy acertainèrent que ledict de Betfort et son ost passoient au susdict passage ; et celle heure le roy fit tirer les batailles audict lieu tout droit, cuidant (1) les combattre audict passage; mais la plus part, et comme tous estoient desjà passez, et les deux osts s'entreveirent ; aussi n'estoient-ils qu'a une bien petite lieue l'un de l'autre ; et y eut de grandes escarmouches entre lesdictes compaignées, et de belles armes faites.

A ceste heure il estoit comme le soleil couchant, et lesdicts Anglois se logèrent sur le bord et au bout de ladicte rivière, et les François se campèrent à Montespillouer. L'endemain au matin, le roy et son ost se misrent sur les champs, et fist ordonner ses batailles, de la plus grande desquelles le duc d'Alençon et le comte de Vendosme avoient le gouvernement. De la seconde, les ducs de Bar et de Lorraine avoient la charge. De la tierce, qui estoit en manière d'une aille, les seigneurs de Rais et de Boussac, mareschaux de France, avoient aussi la charge. Et d'une autre bataille qui souvent se délaissoit pour escarmoucher et guerroyer lesdicts Anglois, avoient le gouvernement le seigneur d'Albret, le bastard d'Orléans, Jeanne la Pucelle, la Hire et plusieurs autres capitaines. Et à la conduite et gouvernement des

(1) *Croyant.*

archers estoit le seigneur de Graville, maistre des arbalestriers de France et un chevalier de Limosin, nommé Maistre Jean Foucault.

Et se tenoit le roy assez près de ses batailles, et avoit pour sa personne et en sa compaignée le duc de Bourbon, le seigneur de la Trémouille, et grand foison de chevaliers et escuyers ; et plusieurs fois chevaucha le roy par devant la bataille d'iceluy duc de Betfort, en la compaignée duquel estoit le bastard de Sainct-Pol, et plusieurs Bourguignons, et estoient en bataille près d'un village et avoient au dos un grand estang et ladicte rivière ; et ne cessèrent toute la nuit de se fortifier très dilligemment de pieux, de taudis et de fossez. Et le roy et les seigneurs estant avec luy avoient prins conclusion et estoient tous délibérez de combatre le duc de Betfort, et les Anglois et les Bourguignons.

Quand les capitaines estans avec le roy eurent veu et considéré la place que tenoient lesdicts anglois et leur fortification, ils apperceurent et cogneurent qu'il n'y avoit aucune apparence de combatre ledict duc de Betfort en ladicte place. Toutefois les batailles des François s'approchèrent à deux traicts d'arbaleste desdicts Anglois ou environ ; et leur firent sçavoir que s'ils vouloient saillir hors de leur parc qu'on les combatroit, mais ils ne voulurent oncques saillir et desloger de leur parc.

Il y eut grandes et merveilleuses escarmouches, tellement que les François alloient souvent à pied et à cheval jusques à la fortification des Anglois ; et aucunes fois les Anglois sailloient à puissance et reboutoient les François ; et y en eut d'un costé et d'autre de tuez et de prins, et tout le jour se passa en faisant lesdictes escarmouches, jusques à environ le soleil couchant. Le seigneur de la Trimouille, qui estoit bien joly, et monté sur un grand coursier, voulut venir aux escarmouches, et de fait point sa lance et vint jusques au frapper ; mais son cheval cheut, et s'il n'eut eu bien tost secours il eut esté prins ou tué, et fut remonté à grand'peine et y eut à ceste heure une grande escarmouche, et environ ladicte heure de soleil couchant se joignirent ensemble grand nombre de François et vinrent vaillamment jusques près du parc des Anglois combatre main à main et escarmoucher, et à ceste heure saillirent grand foison d'Anglois à pied et à cheval, et aussi les François se renfoncèrent et à ceste fois

Retraite sur St Denis
Plaine
la Villette
Butte Montmartre
la Chapelle
Abbaye de Montmartre
Chapelle des Martyrs
Clichy
Chemin de St Denis
Buttes Chaumont
Egout
les Porcherons
St Lazare
St Laurent
Egout
la Courtille
Ferme des Mathurins
Chemin du Roule
Pte St Denis
Porte St Honoré
PARIS en 1429
Popincourt
Pré aux Clercs
Faubg St Antoine
Abbaye de St Germain
Seine
Bourg St Germain
Bierre
Faubg St Jacques
Bourg St Marcel
Gentilly

Echelle

0   500   1000   2000   3000   4000 mètres

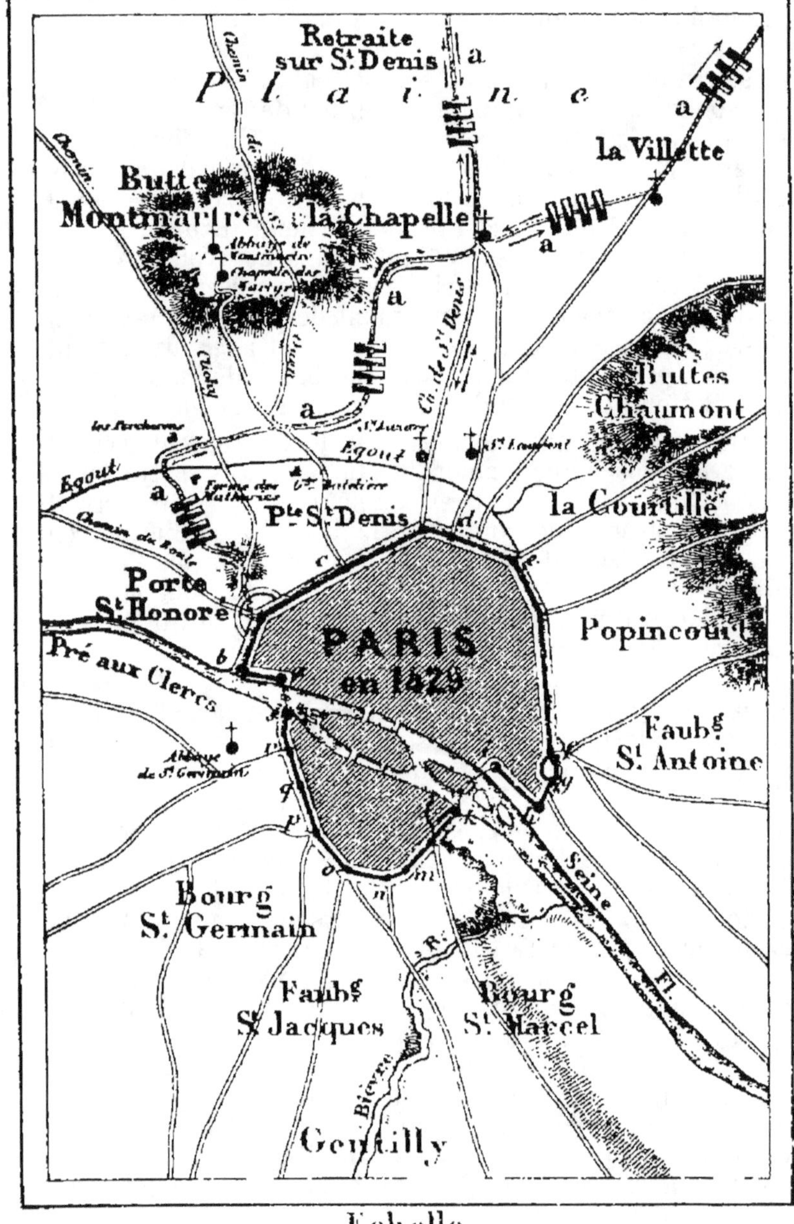

y eut plus grande et rude escarmouche qu'il n'y avoit eu tout le jour, et y avoit tant de pouldre qu'on ne cognoissoit ny François ny Anglois ; tellement que combien que les batailles fussent bien près les unes des autres, toutefois ne s'entre pouvoient-ils voir.

Ladicte escarmouche dura tant qu'il fut nuict serrée et obscure, et les Anglois se retirèrent tous ensemble et serrèrent en leur parc ; et aussi les François se retirèrent à leurs batailles. Lesdicts Anglois se logèrent en leur parc et les François se logèrent là où ils avoient logé la nuict de devant, environ demie lieue desdicts Anglois, emprès Montespillouer ; et les Anglois se deslogèrent le lendemain bien matin et s'en retournèrent à Paris ; et le roy et ses gens s'en allèrent à Crespy en Valois.

Chapitre 61. *Le roy se rend à Compiègne, puis se dirige vers Paris. — La Pucelle à la porte Saint-Honoré.*

e lendemain le roy se partit de Crespy et print son chemin vers Compiègne, où il fut receu grandement et honorablement, et se remirent en son obéyssance ; puis y commit officiers et ordonna capitaine un gentilhomme du pays de Picardie, bien allié de parents et amis, nommé Guillaume de Flavy ; et là, les manans et habitans de la ville de Beauvais envoyèrent devers luy et mirent eulx et la ville en son obéyssance. Semblablement ceux de Senlis se mirent en l'obéyssance du roy, en laquelle ville le roy vint se loger.

En la fin du mois d'aoust le duc de Belfort doublant que le roy ne tirast en Normandie, partit de Paris avec son ost, pour y aller, et départit son armée en plusieurs et divers lieux et les mist en garnison ès pays où il avoit obéyssance, pour garder les places, et laissa à Paris Messire Louys de Luxembourg, évesque de Thérouenne, soy disant chancelier de France pour les Anglois, et un chevalier anglois nommé Messire Jean Rathelet, et un chevalier françois nommé Messire Simon Morhier, qui se disoit lors estre prévost de Paris, lesquels avoient en leur compaignée environ deux mille Anglois pour la garde et défense de ladicte ville, ainsi qu'on disoit.

Environ la fin dudict mois d'aoust le roy se deslogea de

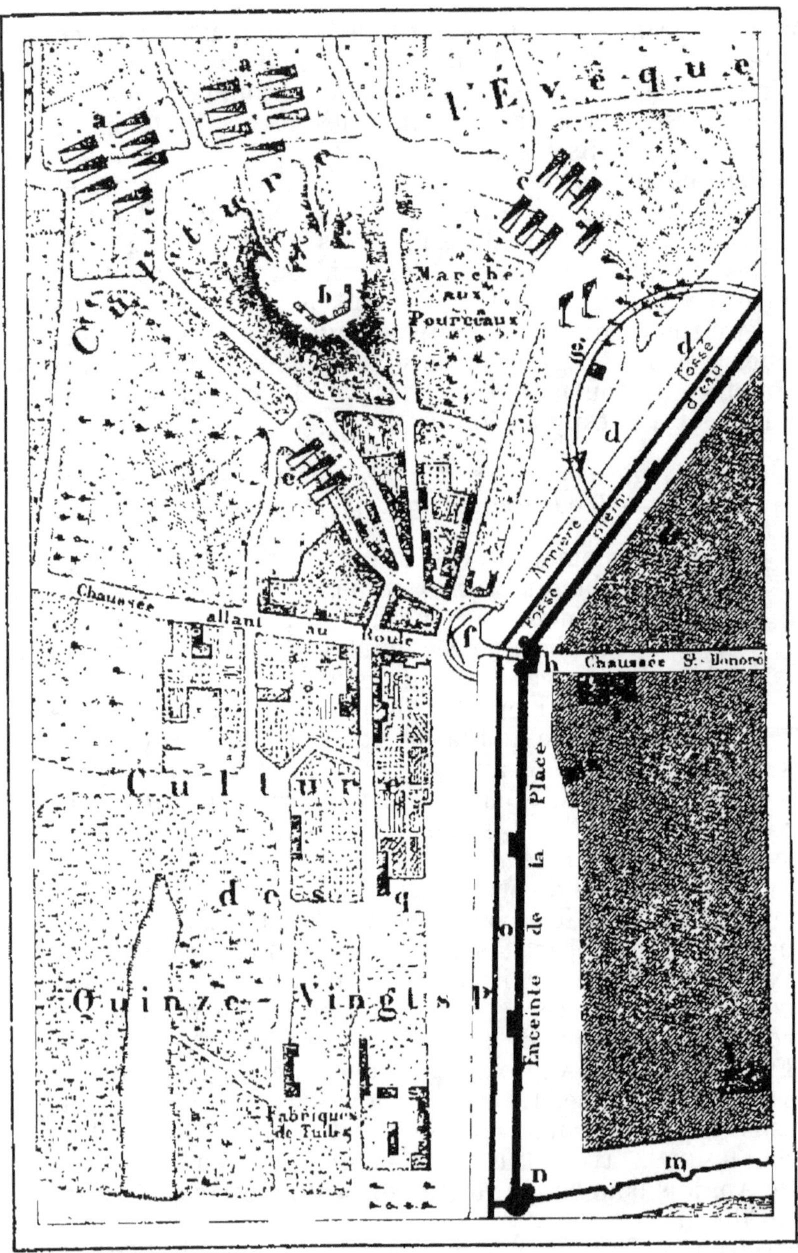

JEANNE DARC DEVANT PARIS   PL V

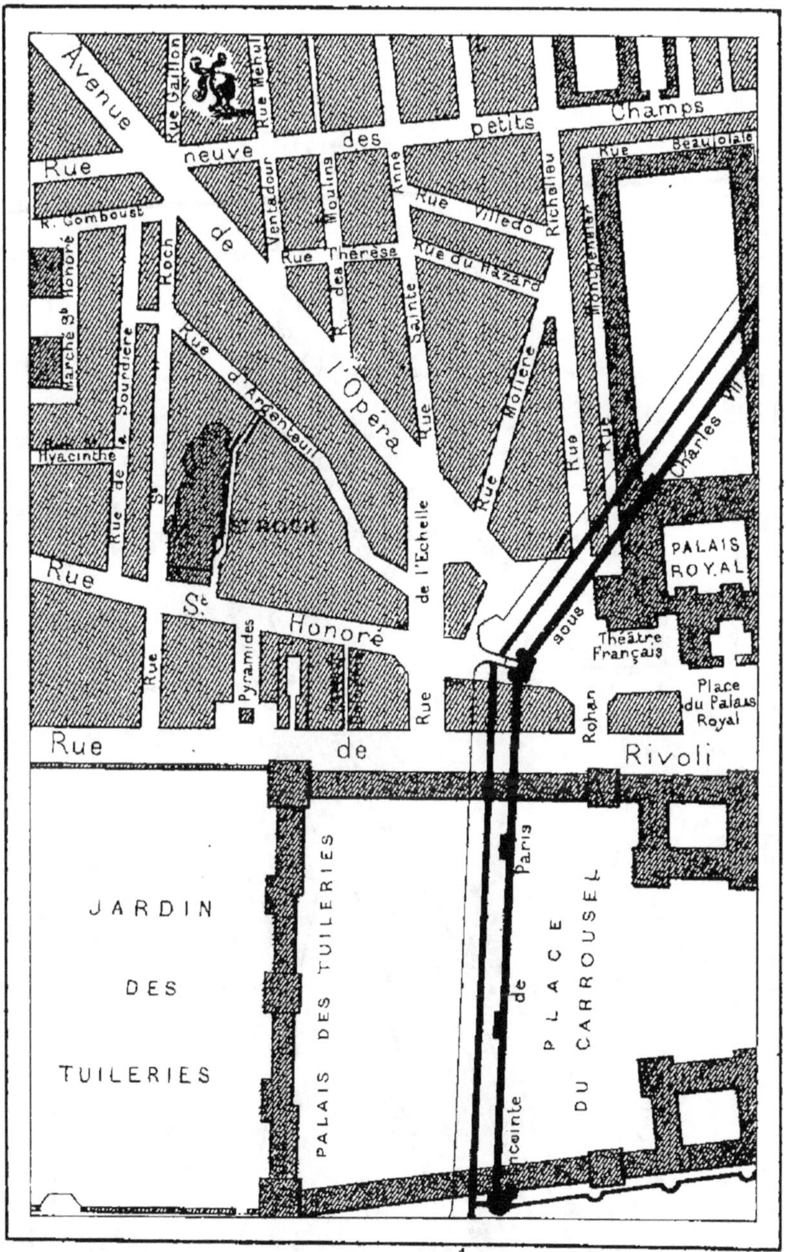

Echelle : $\frac{1}{7,500}$

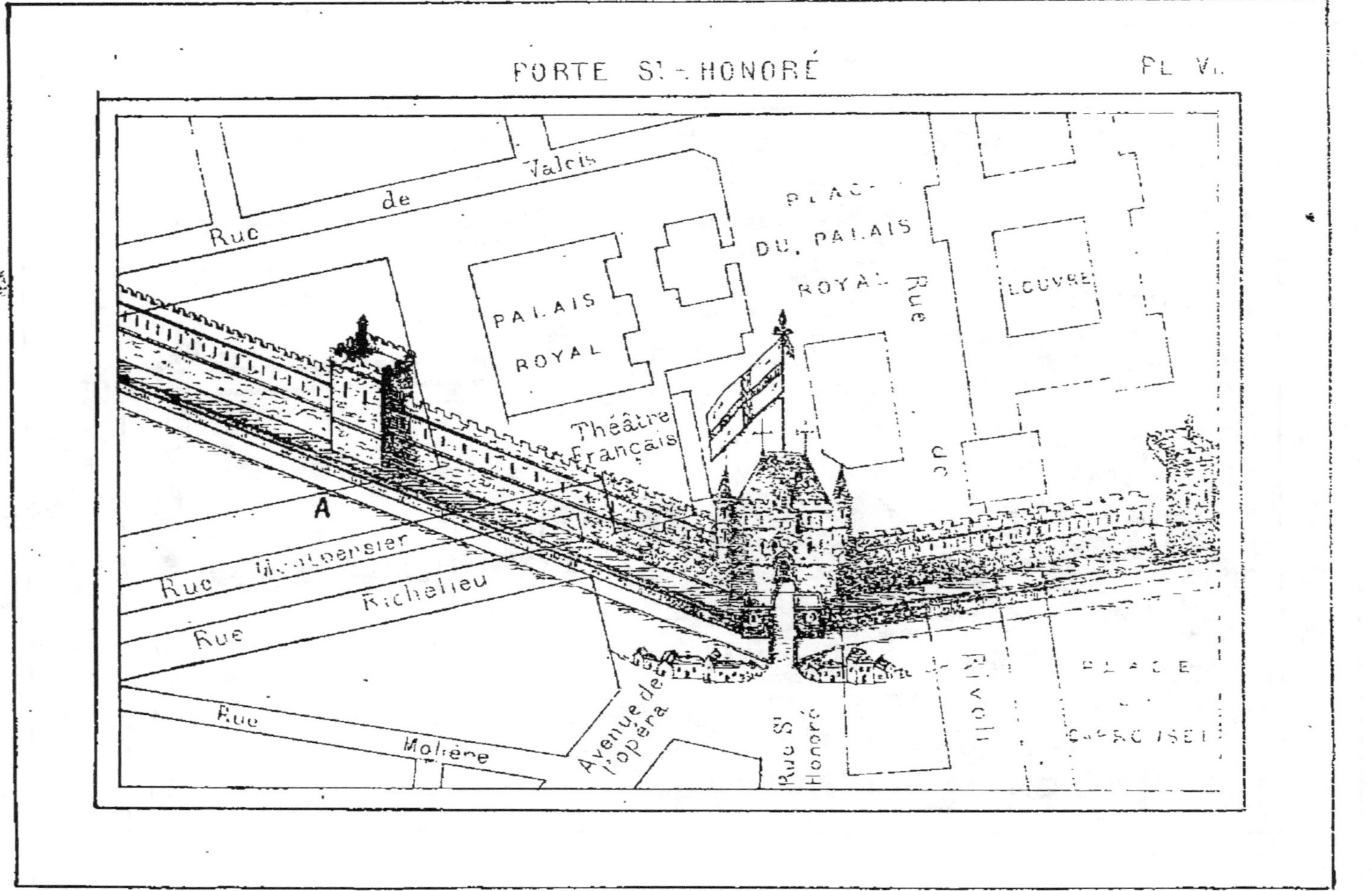

PORTE St-HONORÉ
Pl. VI.
Rue de Valois
PLACE DU PALAIS ROYAL
PALAIS ROYAL
Théâtre Français
Rue
LOUVRE
A
Rue Montpensier
Rue Richelieu
Rue
Avenue de l'Opéra
Rue Molière
Rue St Honoré
Rivoli
PLACE du CARROUSEL

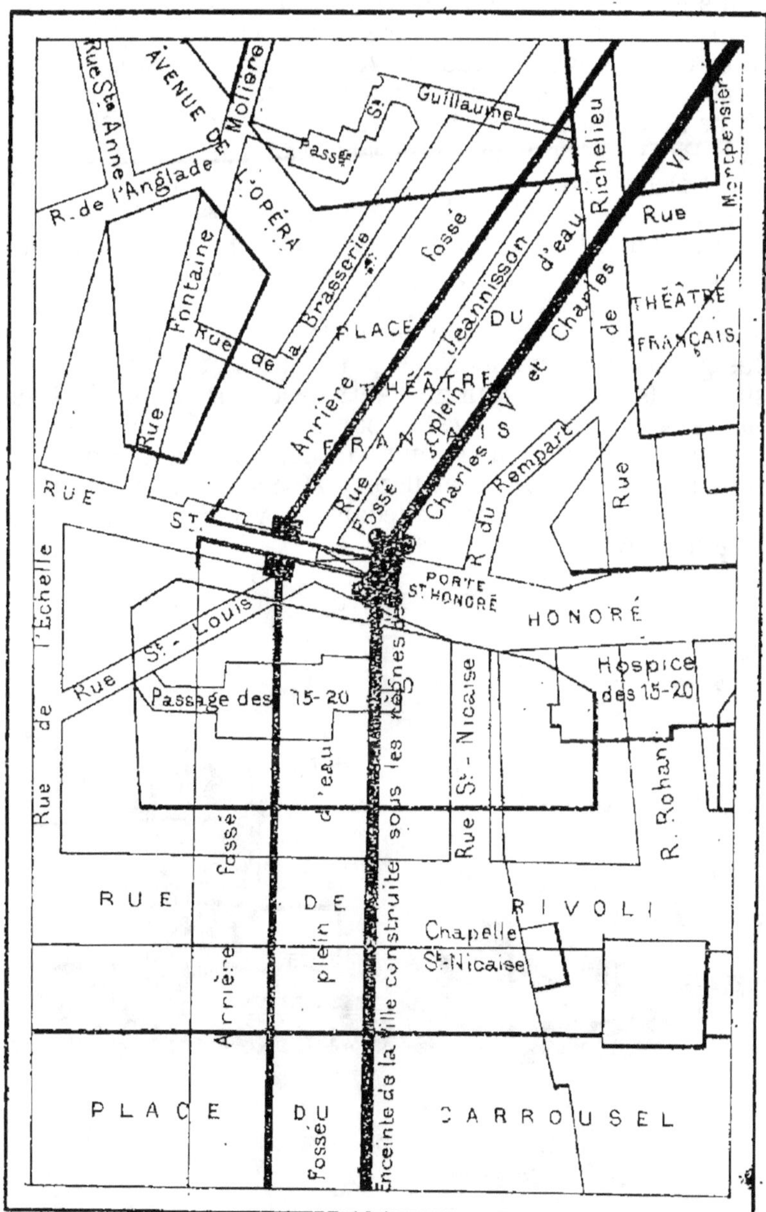

Échelle de $\frac{1}{2,000}$

Senlis et s'envint à Sainct-Denys, où ceux de la ville luy firent ouverture et pleine obéyssance et avec luy tout son ost se tint et logea en ladicte ville. Alors se commencèrent grand courses et escarmouches entre les gens du roy, estans à Sainct-Denys et les Anglois, et autres estans lors dans Paris. Et quand ils eurent esté par aucun temps à Sainct-Denys, comme trois ou quatre jours, le duc d'Alençon, le duc de Bourbon, le comte de Vendosme, le comte de Laval, Jeanne la Pucelle, les seigneurs de Rais et de Boussac, et autres en leur compaignée se vinrent loger en un village qui est comme en my chemin de Paris et de Sainct-Denys, nommé la Chapelle ; et le lendemain commencèrent plus grands escarmouches et plus aspres que devant, aussi estoient-ils plus près un de l'autre ; et vinrent lesdicts seigneurs aux champs vers la porte Sainct-Honoré sur une manière de butte ou de montaigne, que on nommoit le Marché aux pourceaux, et fisrent assortir plusieurs canons et coulevrines pour jecter dedans la ville de Paris et en eut plusieurs coups de jectez.

PORTE ST HONORÉ

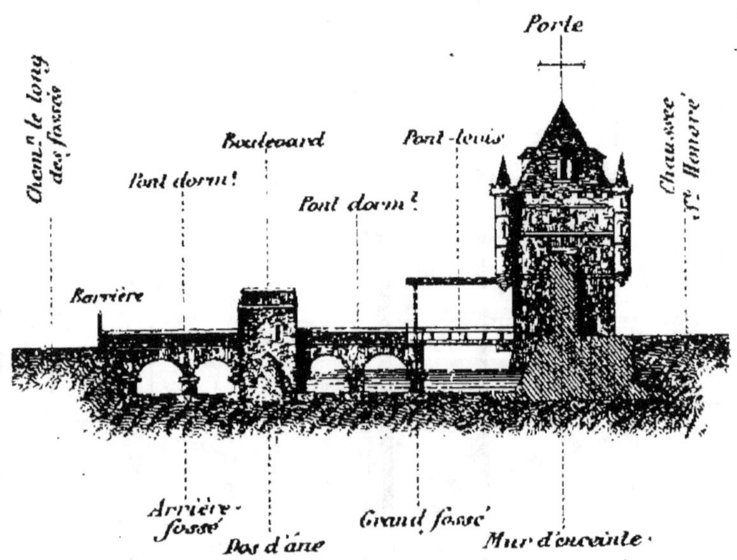

Estoient les Anglois autour des murs circuiant et tour-

noyant à tout estendarts, et entre les autres y en avoit un
blanc à une croix vermeille, et alloient et venoient par
ladicte muraille. Aucuns seigneurs estans là devant, voulurent aller jusques à la porte Sainct-Honoré, et entre
les autres spécialement un chevalier nommé le seigneur de
Sainct-Vallier et ses gens allèrent jusques au boulevart et
boutèrent le feu aux barrières ; et combien qu'il y eust foison d'Anglois et de ceux de Paris qui le défendoient, toutefois ledict boulevart fut pris par les François d'assaut, et
les ennemis se retirèrent par la porte dedans la ville.

Les François avoient imagination que les Anglois vins-
sent par la porte Sainct-Denys frapper sur eux ; parquoy les
ducs d'Alençon et de Bourbon avoient assemblé leurs gens
et s'estoient mis comme par manière d'embusche derrière
ladicte butte ou montaigne et ne pouvoient bonnement ap-
procher de plus près pour doubte des canons, vuglaires et
coulevrines qui venoient de ladicte ville et qu'on tiroit sans
cesse. Ladicte Jeanne dist qu'elle vouloit assaillir la ville ;
mais elle n'estoit pas bien informée de la grande eaue qui
estoit ez fossez, et si en avoit aucuns audict lieu qui le
sçavoient bien ; et selon ce qu'on pouvoit considérer, eussent
bien voulu par envie, qu'il fut mescheu à ladicte Jeanne.
Néantmoins elle vint à grant puissance de gens d'armes,
entre lesquels estoit le seigneur de Rais, mareschal de
France, et descendirent en l'arrière-fossez, avec grand foison
de gens de guerre, puis atout (1) une lance monta jusques
sur le dos-d'asne, et tenta l'eaue qui estoit bien profonde ;

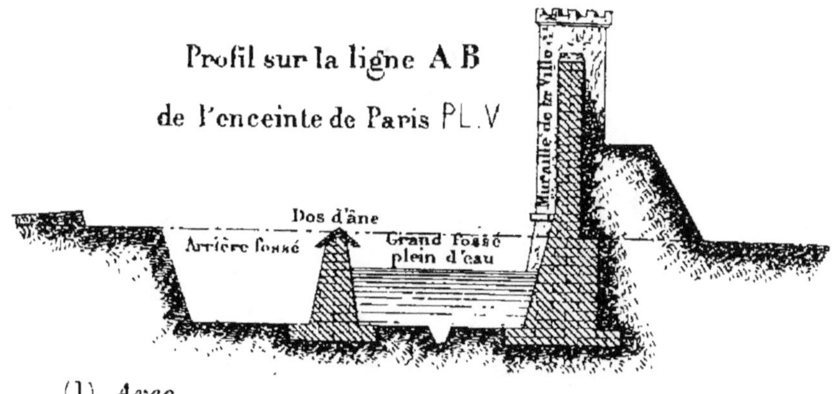

(1) *Avec.*

quoy faisant elle eut d'un traict les deux cuisses percées, ou au moins l'une.

Ce nonobstant, elle ne vouloit partir et faisoit toute diligence de faire apporter et jecter fagots et bois en l'autre fossez, pour cuider passer jusques au mur, laquelle chose n'estoit pas possible, veue la grande eaue qui y estoit. Et depuis qu'il fut nuict, fut envoyée quérir par plusieurs fois, mais elle ne vouloit partir, n'y se retirer en aucune manière ; et fallut que ledict duc d'Alençon l'allast quérir, et la ramenast ; et toute la susdicte compaignée se retira audict lieu de la Chapelle Sainct-Denys, où ils avoient logé la nuict devant, et lesdicts ducs d'Alençon et de Bourbon, s'en retournèrent le lendemain en la ville de Sainct-Denys, où estoit le roy et son ost. Et disoit-on qu'il ne vint oncques de lasche courage de vouloir prendre la ville de Paris d'assault, et que s'ils y eussent esté jusques au matin, il en eut eu qui se fussent advisez. Il y eut plusieurs de blessez et comme nuls morts.

CARTE Nᵒ 1. — Itinéraire.

CARTE Nᵒ 2. — Charles VII et le duc de Bedford se rencontrèrent pour la seconde fois ; le roi avait son quartier général à Lagny-le-Sec et son avant-garde à Dammartin ; le duc de Bedford occupait Mitry et son avant-garde couronnait les hauteurs de Thieux.

CARTE Nᵒ 3. — Les mêmes armées se trouvèrent en présence pour la troisième fois. Celle de Charles VII était en bataille entre Borest, Mont-l'Evêque et Montépilloy ; celle du duc de Bedford s'était retranchée sur la Nonette enveloppant l'abbaye de la Victoire et le hameau de Villemétrie.

Lettres indicatives : **a, a, a.** Détachement d'éclaireurs sous les ordres d'Ambroise de Loré et Xaintrailles; **b, b, b.** Marche de Charles VII sur Montépilloy; **c, c, c, c, c.** Corps de bataille de Charles VII ; **d, d.** Corps d'armée du duc de Bedford ; **e.** Camp retranché du duc de Bedford

CARTE Nᵒ 4. — Marche sur la porte St-Honoré ; **a, a, a, a.** Route suivie par Jeanne Darc, de la Chapelle à la porte St-Honoré.

Enceinte de Charles V et de Charles VI ; (rive droite) **a.** Tour du coin; **b.** Tour de bois; **c.** Porte Montmartre ; **d.** Porte St-Martin ; **e.** Porte du Temple; **f.** Porte St-Antoine; **g.** Bastille; **h.** Tour de Billy ; **i.** Tour Barbeau.

Enceinte de Philippe-Auguste ; (rive gauche) **k.** Porte St-Bernard ou Tournelle ; **l.** Porte St-Victor; **m.** Porte Bordelle; **n.** Porte Ste-Geneviève; **o.** Porte St-Jacques; **p.** Porte St-Michel; **q.** Porte St-Germain; **r.** Porte de Bucy; **s.** Tour de Nesle.

11

Carte Nº 5. — *Attaque de Paris :* **a, a**. Troupes de réserve sous les ordres des ducs d'Alençon et de Bourbon ; **b**. Batterie de canons et de coulevrines établie sur la butte des Moulins; **c**. Colonne d'attaque sous les ordres de Jeanne Darc; **d, d**. Attaque de la place ; **e**. Colonne d'attaque sous la conduite de Saint-Vallier; **f**. Attaque de la porte St-Honoré; **g**. Lieu patibulaire ; **h**. Porte Saint-Honoré ; **i**. Hospice des Quinze-Vingts ; **k**. Chapelle St-Nicaise; **l**. Eglise collégiale de St-Thomas du Louvre; **m**. Courtine de Charles V reliant la Tour de bois et la Tour du coin ; **n**. Tour de bois; **o**. Grand fossé plein d'eau; **p**. Arrière fossé; **q** Hôtel des Tuileries habité par Pierre des Essards.

Carte Nº 6. — Plan de confrontation de la carte nº 5. Le casque de chevalier placé au nord de la rue neuve des Petits-Champs indique l'endroit occupé par les troupes de réserve au moment de l'attaque.

Carte Nº 7. — Porte St-Honoré et mur d'enceinte; **A**. Point où Jeanne Darc fut blessée en tentant l'assaut de la Tour carrée et du mur d'enceinte.

Carte Nº 8. — Environs de la Porte St-Honoré à des époques diverses.

POUR PARAITRE PROCHAINEMENT : 12

Atlas des voyages et des expéditions militaires de Jeanne Darc avec notes explicatives et index chronologique. — 1 volume in 4°.

LISTE DES CARTES, PLANS & GRAVURES :

Carte de la France au XVe siècle à la venue de la Pucelle.
Carte de la nationalité de Jeanne Darc.
Carte du pays de Jeanne Darc, Domrémy, Greux, le Bois Chenu, l'Arbre des Fées, etc.
Plan de Domrémy.
Plan de la maison de Jeanne Darc.
Façade orientale de la maison de Jeanne Darc.
Carte des premiers voyages de Jeanne Darc aux environs de Domrémy.
Carte du voyage à la cour de Charles VII.
Plan de Ste-Catherine de Fierbois.
Epée de Charles Martel.
Maison de Jean Rabateau.
Etendard de Jeanne Darc.
Carte de l'expédition d'Orléans. Entrée des 1er et 2e convois.
Vue de la Tour neuve et porte de Bourgogne.
Plan de l'attaque des Bastilles.
Carte des Expéditions des environs d'Orléans.
Plan de la bataille de Patay.
Carte des Expéditions du Sacre.
Carte de la Campagne de Paris.
Carte de la 1re rencontre de Charles VII et du duc de Bedford à la Motte de Nangis.
Carte de la 2me rencontre de Charles VII et du duc de Bedford sous Dammartin.
Carte de la 3me rencontre de Charles VII et du duc de Bedford aux environs de Senlis.

Carte de l'Itinéraire de la Chapelle à la porte St-Honoré.
Plan de l'attaque de Paris.
Plan de confrontation de l'attaque de Paris.
Plan de restitution de la porte St-Honoré.
Plan de la porte St-Honoré et environs.
Profil de la porte St-Honoré et des fossés.
Carte de la retraite de St-Denis à Bourges.
Carte des Expéditions du Berri.
Carte des Expéditions de Lagny et Compiègne.
Plan de Compiègne au XVe siècle.
Plan cavalier du Boulevard et de la tête de pont de Compiègne.
Carte de l'Itinéraire de Compiègne à Rouen.
Tour de Jeanne Darc à Rouen.
Supplice de Jeanne Darc, etc.